全国技工院校汽车维修专业（中级技能层级）

汽车底盘与车身电控技术（第二版）习题册

张广昕◎主编

中国劳动社会保障出版社

简介

本习题册是全国技工院校汽车维修专业模块化教材（中级技能层级）《汽车底盘与车身电控技术（第二版）》的配套用书。习题册内容紧扣教材的教学要求，注重基础知识的巩固和基本能力的培养，知识点分布均衡，题型丰富，难易适当，有助于学生复习巩固所学知识。

本习题册由张广昕任主编，潘婷婷、任保宽、郭达、修萌萌、杨亚萍、陈涛参与编写，余成路审稿。

图书在版编目（CIP）数据

汽车底盘与车身电控技术（第二版）习题册 / 张广昕主编. -- 北京 : 中国劳动社会保障出版社，2024.
ISBN 978-7-5167-6541-8

Ⅰ. U463. 6-44

中国国家版本馆 CIP 数据核字第 20247A56C2 号

中国劳动社会保障出版社出版发行

（北京市惠新东街 1 号　邮政编码：100029）

*

北京鑫海金澳胶印有限公司印刷装订　　新华书店经销

787 毫米 ×1092 毫米　16 开本　4.25 印张　83 千字

2024 年 7 月第 1 版　　2024 年 7 月第 1 次印刷

定价：9.00 元

营销中心电话：400-606-6496

出版社网址：http://www.class.com.cn

http://jg.class.com.cn

目　录

模块一　汽车传动系电子控制系统（自动变速器电子控制系统）

一、填空题（将正确答案填写在横线上）

1. 按照汽车驱动方式的不同，电控自动变速器可分为________电控自动变速器和________电控自动变速器两种。

2. 按照控制方式的不同，自动变速器可分为________________自动变速器和________________自动变速器两种。

3. 液力变矩器主要由________、________和________三元件组成。

4. 液力变矩器安装在电控自动变速器传动系的________，并通过驱动端盖用螺栓固定在发动机的________。

5. 电控无级变速器主要由________________________、__________________________、____________、____________________________和连杆机构等组成。

6. 电控自动变速器的齿轮变速机构主要包括______________齿轮变速机构和______________________________________齿轮变速机构两种。

7. 电控自动变速器主要由____________________、____________________、液压控制系统和________________________等组成。

8. 双离合变速器的基本组成包括______________________、两个____________、____________以及液压系统（湿式）等。

9. 为了克服传动效率低的缺点，液力变矩器在三元件基础上增加了______________。

10. 机械变速器主要由__________________________和_________________________组成。

11. 电控自动变速器的换挡执行机构由换挡离合器、___________________和__________________等组成。

12. 传感器主要用于采集发动机转速、节气门开度、冷却液温度和车速等信息，并发送给_________________________。

13. 连续变速装置是无级变速器主体的重要组成部分，通常由两个____________和一条____________组成。

14. 根据结构和工作原理的不同，双离合变速器主要分为________和________两种类型。

二、选择题（将正确答案的代号填入括号内）

1．液力变矩器的特点是（　　）。

A．结构复杂　　B．工作可靠

C．性能一般　　D．传动效率高

2．检查自动变速器油时，发动机和电控自动变速器应达到的正常工作温度为（　　）。

A．30～40 ℃　　B．50～60 ℃

C．70～80 ℃　　D．90～100 ℃

3．下列字母（　　）表示电控自动变速器上的前进挡。

A．P　　B．R　　C．N　　D．D

4．检查自动变速器油时，应使发动机怠速运转，将变速杆依次推入所有挡位，并在各挡位停留片刻，最后推至（　　）挡。

A．P　　B．R　　C．N　　D．D

5．当汽车没有完全停稳时，不允许从前进挡换至倒挡，也不允许从倒挡换至前进挡，一定要在汽车停稳后才能将变速杆换至（　　）挡。

A．P　　B．R　　C．N　　D．D

6．如果自动变速器油的颜色呈（　　），说明油液中含有烧蚀的摩擦材料等大量杂质。

A．红色　　B．白色　　C．黄色　　D．棕色或黑色

7．自动变速器油主要存在于油底壳、液力变矩器、执行元件油缸和油道中，在常规维护时通常只更换（　　）的油液。

A．油底壳　　B．液力变矩器

C．执行元件油缸　　D．油道

8．双离合变速器的特点是（　　）。

A．维修简单　　B．平顺性差

C．换挡困难　　D．成本较高

9．爬坡或超车时，应选择电控自动变速器控制开关的（　　），可使汽车获得最大的动力性。

A．动力模式　　B．经济模式

C．雪地模式　　D．无

10．在良好路面行驶时，应选择电控自动变速器控制开关的（　　），可使汽车获得最佳的经济性。

A．动力模式　　B．经济模式

C．雪地模式　　D．无

三、判断题（正确的打“√”，错误的打“×”）

1. 变速器是一种满足汽车在不同工况下需要不同转速和转矩等要求的装置。（　　）

2. 齿轮变速机构的作用是改变传动比和传动方向，即构成不同的挡位。（　　）

3. 自动变速器的最大优点是可以在一定范围内实现自动换挡，大大减轻了驾驶员的操作强度。（　　）

4. 液力变矩器内的单向离合器的作用是在汽车倒车时保护变矩器不受损伤。（　　）

5. 自动变速器都是自动无级变速的。（　　）

6. 换挡制动器是将齿轮变速机构中的某一元件固定，使其不能转动，构成新的动力传递路线，换上新的挡位，获得新的传动比。（　　）

7. 电控自动变速器使用时，可根据实际驾驶条件自动选择合适的挡位，提高发动机和传动系的使用寿命。（　　）

8. 电控无级变速器是一种可以实现无级变速的传动系统。（　　）

9. 当电子控制单元判断需要换挡时，电子控制单元使点火时间暂时延迟少许，以控制发动机输出转矩，从而使换挡动作更加平稳。（　　）

10. 装备电控自动变速器的汽车起动时，应将变速杆置于R挡，起动发动机。（　　）

11. 干式双离合变速器将离合器组件浸泡在润滑油中，具有较高的散热效率。（　　）

12. 装备电控自动变速器的汽车因故障熄火不能行驶时，严禁用其他车辆牵引，否则会因油泵不工作而造成零部件烧蚀。（　　）

13. 如果节气门连杆机构不能提供正确反映发动机负荷的信号，会引发换挡点不符合自动换挡规律的故障，换挡品质也将受到影响。（　　）

14. 汽车行驶过程中，应根据路况和行驶条件选择合适的挡位，充分发挥电控自动变速器的性能，而不是在任何情况下都采用D挡行驶。（　　）

15. 变速杆处于R挡时，电控自动变速器的输出轴被机械锁止，驱动轮不能转动，以防止汽车移动，此时，所有换挡执行元件均不工作。（　　）

四、看图填空题

将电控自动变速器变速杆各挡位的名称和作用填入下图对应的方框内。

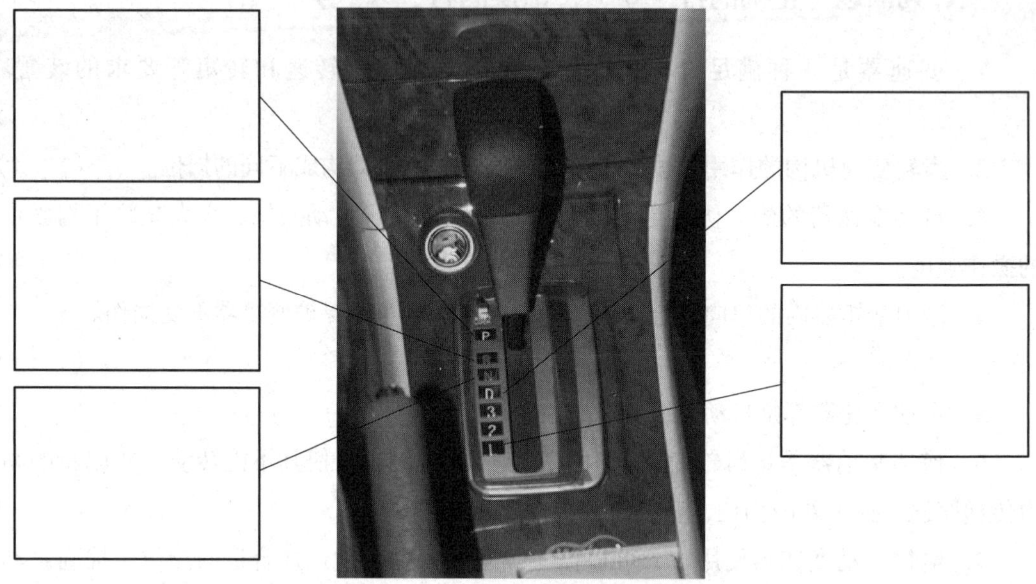

五、简答题

1. 简述电控自动变速器的功能。

2．简述双离合变速器的优、缺点。

3．简述检查自动变速器油液位的步骤。

4．简述电控自动变速器的使用注意事项。

5．简述液力变矩器的作用。

模块二　汽车行驶系电子控制系统

课题1　汽车巡航控制系统

一、填空题（将正确答案填写在横线上）

1．汽车定速巡航系统（CCS）是指利用电子技术对汽车____________进行自动调节，使汽车以__________或接近于恒定速度行驶的电子控制装置。

2．驾驶员启动定速巡航系统，无须控制____________，汽车就可以以恒定速度行驶。

3．汽车定速巡航系统由操作开关、__________、_______________和执行器组成。

4．操作开关主要用于设置__________、___________巡航状态等。

5．操作开关主要包括_________、_________和取消巡航状态开关。

6．巡航状态时踩下__________，车辆会暂时退出巡航状态。

7．车速传感器包括____________、__________、__________、磁阻式等类型，可与其他系统共用。

8．自适应巡航系统由_________、________________、_____________和____________________组成。

9．目前定速巡航系统使用的执行器包括_______________和___________________两种类型。

10．真空驱动型执行器主要由__________、__________、两个电磁线圈、膜片、回位弹簧和空气滤清器等组成。

二、选择题（将正确答案的代号填入括号内）

1．汽车定速巡航系统的优点不包括（　　）。

A．保持汽车行驶的稳定性　　B．提高汽车驾驶的舒适性

C．提高汽车的经济性和环保性　　D．提高汽车的安全性

2．传感器和操作开关信号发送给巡航（　　）。

A．ECU　　B．VCU　　C．PID　　D．TCU

3．一般当车速低于（　）km/h 时，巡航 ECU 将取消巡航状态。

A．20　　B．30　　C．40　　D．50

4．当车速超过设定巡航速度（　　）km/h 时，巡航 ECU 将取消巡航状态。

A．3 ~ 5　　B．6 ~ 8　　C．10 ~ 20　　D．20 ~ 30

5．当汽车的减速度大于（　　）m/s^2 或制动灯开关动作时，巡航 ECU 自动取消巡航状态，以确保行车安全。

A．1　　B．2　　C．3　　D．4

6．自适应巡航系统不但具有定速巡航的全部功能，还可以通过（　　）等传感器监测汽车前方的道路环境。

A．车载雷达　　B．车速传感器

C．温度传感器　　D．空气传感器

7．自适应巡航系统的应用降低了驾驶员的操作负担，可以缓解驾驶员的疲劳，大大提高汽车的（　　）。

A．主动安全性　　B．被动安全性

C．舒适性　　D．经济性

8．执行器将巡航 ECU 输出的（　　）信号转变为机械运动。

A．电流　　B．电压

C．电流或电压　　D．电阻

9．按下巡航控制按钮，汽车以（　　）km/h 的速度行驶。

A．50　　B．80　　C．10 ~ 80　　D．40 ~ 200

10．巡航 ECU 通过占空比信号控制电磁线圈的通电与断电，通过改变占空比控制执行器内的真空度，从而控制（　　）的开度。

A．节气门　　B．出气门

C．化油器　　D．喷油器

三、判断题（正确的打“√”，错误的打“×”）

1．汽车定速巡航系统已全部采用数字微型计算机速度控制系统。（　　）

2．汽车定速巡航系统在汽车上的作用不大。（　　）

3．只要车辆处于起动状态，就可以进入巡航状态。（　　）

4．只能通过操纵手柄上的按钮取消设定的巡航速度。（　　）

5．自适应巡航系统的功能和定速巡航系统的功能相同。（　　）

6．驾驶员启动定速巡航系统后，无须再控制转向盘。（　　）

7．巡航 ECU 根据传感器和操作开关信号计算节气门开度，并发送给执行器，自动调节喷油量。（　　）

8．汽车开启定速巡航系统比不开启时费油。（　　）

9．汽车定速巡航系统开启后，驾驶员无须频繁踩加速踏板，使驾驶更为轻松。（　　）

10. 即使开启了定速巡航系统，汽车在下坡时车速也会增大。 （ ）

四、简答题

1. 简述汽车定速巡航系统的优点。

2. 简述汽车定速巡航系统巡航 ECU 的功能。

3．简述自适应巡航系统的概念和作用。

4．简述汽车定速巡航系统的使用方法。

5．简述汽车定速巡航系统基础检测的内容。

6. 简述自适应巡航系统的功能。

课题2 汽车导航控制系统

一、填空题（将正确答案填写在横线上）

1. 汽车导航控制系统的应用改善了汽车行驶的__________和______________，提高了____________________，有利于缓解交通拥堵、平衡交通调度和管制。

2. 汽车导航控制系统按控制信息反馈可分为_______导航控制系统和_______导航控制系统。

3. 内部信息导航控制系统主要由微处理器、______________、______________、__________等组成。

4. 北斗卫星导航系统由__________、__________和__________三部分组成。

5. 汽车卫星导航控制系统利用接收天线、接收机，接收卫星导航系统信号，经过微处理器分析、计算得出汽车所在的准确_______和_______以及速度和方向，并在显示器上显示出来。

二、选择题（将正确答案的代号填入括号内）

1. 汽车导航控制系统按控制方式可分为（　　）和卫星导航控制系统。

A. 内部信息导航控制系统　　B. 惯性导航控制系统

C. 地磁导航控制系统　　D. 外部信息导航控制系统

2. 汽车卫星导航控制系统由接收天线、接收机、微处理器、(　　)、陀螺传感器和显示器等组成。

A. 距离传感器　　B. 方向传感器

C. 位置传感器　　D. 车速传感器

3. 汽车导航控制系统从接收机得到经过计算确定的当前（　　），通过与电子地图数据的对比，就可以确定车辆当前所在的位置。

A. 速度　　B. 经纬度

C. 方向　　D. 位置

4. 比较先进的汽车导航控制系统是具有汽车（　　）、防盗、调度、主要工况监测报警等功能的综合系统。

A. 导航控制　　B. 自动循迹

C. 智能驾驶　　D. 部分自动驾驶

5. 中国自行建设运行的全球卫星导航系统是（　　）。

A. 格洛纳斯卫星导航系统　　B. 伽利略卫星导航系统

C. 全球定位系统　　D. 北斗卫星导航系统

三、判断题（正确的打“√”，错误的打“×”）

1. 早期的汽车导航控制系统只有简单的“示向”功能，只能显示汽车行驶的方向和到目的地的距离。（　　）

2. 距离传感器主要用于检测汽车到目的地的距离，方向传感器主要用于检测汽车的行驶方向。（　　）

3. 北斗卫星导航系统不可以在全球范围内全天候、全天时为各类用户提供高精度、高可靠定位、导航、授时服务。（　　）

4. 汽车导航控制系统方便了人们的出行。（　　）

5. 汽车导航控制系统具有瞬时再检索功能。（　　）

四、简答题

1. 简述汽车开环导航控制系统和闭环导航控制系统的概念。

2．简述汽车卫星导航控制系统的原理。

3．简述汽车导航控制系统的使用方法。

4．简述汽车卫星导航控制系统的功能。

课题3 汽车电子控制悬架系统

一、填空题（将正确答案填写在横线上）

1．汽车悬架系统是________（或车身）与________（车轮）之间所有传力装置的总称。

2．汽车悬架系统一般都由________________（如钢板弹簧、螺旋弹簧、扭杆弹簧等）、____________和________________三部分组成。

3．汽车行驶的____________和____________________是衡量悬架系统性能好坏的主要指标。

4．汽车悬架系统可分为被动悬架系统和电子控制悬架系统，电子控制悬架系统又可分为________悬架系统和____________悬架系统。

5．电子控制主动悬架系统可分为电子控制________________悬架系统和电子控制________________悬架系统。

6．在顶起或吊起汽车、拖动汽车、跨接起动之前，必须先将____________________________________置于______________位置，否则可能造成人身伤害、零部件损坏和不必要的维修。

7. ________________________用于指示车身高度是选择在 HI（高）位置还是选择在 NORM（正常）位置。

8. __________________的功能是根据 ECU 的控制信号，控制空气弹簧悬架系统的充气和排气。

9. 压电式阻尼可调减振器主要由________________、____________________和______________________三部分组成。

10. _____________________________用于控制压缩机电动机的接通和断开。

二、选择题（将正确答案的代号填入括号内）

1. 在有级式半主动悬架系统中，减振器的阻尼分为（　　）级，由驾驶员根据道路条件和汽车行驶状况选择所需要的阻尼级别。

A. 一　　B. 二　　C. 三　　D. 四

2. 无级式半主动悬架系统可以根据道路条件和汽车行驶状况自动地调整减振器的（　　），以提高汽车的安全性、操纵稳定性和舒适性。

A. 阻尼值　　B. 高低　　C. 位置　　D. 弹性

3.（　　）安装在车身与车桥之间，用于将车身高度的变化转换为电信号，并发送给悬架系统电子控制单元（ECU）。

A. 车身高度传感器　　B. 转角传感器

C. 车速传感器　　D. 节气门位置传感器

4.（　　）安装在节气门体上，用于向 ECU 提供有关节气门位置的电信号。

A. 车身高度传感器　　B. 转角传感器

C. 车速传感器　　D. 节气门位置传感器

5.（　　）用于检测汽车是否进行制动，向 ECU 提供汽车制动信号。

A. 制动灯开关　　B. 转角传感器

C. 车速传感器　　D. 制动压力传感器

6.（　　）主要用于防止行车时车门未关。

A. 车身高度传感器　　B. 车门传感器

C. 车速传感器　　D. 节气门位置传感器

7. 油气弹簧以气体（一般是氮气）作为弹性介质，以（　　）作为传力介质。

A. 气体　　B. 水

C. 油液　　D. 以上都正确

8.（　　）安装在转向柱上，用于检测转向盘的转角信号，并将信号发送给 ECU。

A. 制动灯开关　　B. 转角传感器

C. 车速传感器　　D. 制动压力传感器

9.（　　）安装在制动管路中，当汽车制动时，向 ECU 发送一个阶跃信号来表示制动，使 ECU 输出抑制汽车点头的信号。

A．制动压力传感器　　B．车门传感器

C．车速传感器　　D．节气门位置传感器

10.（　　）与加速踏板相连接，将测得的加速动作信号发送给 ECU。

A．制动压力传感器　　B．车门传感器

C．加速度传感器　　D．节气门位置传感器

三、判断题（正确的打“√”，错误的打“×”）

1．有些轿车和大客车为了防止在转向行驶等情况下车身发生过大的横向倾斜，在悬架系统中设置了横向稳定器。（　　）

2．三级阻尼可调减振器的阻尼大小调整是通过改变减振器油液流通孔的截面积来实现的。（　　）

3．当汽车载荷、行驶速度、路面状况等行驶条件发生变化时，电子控制主动悬架系统不能自动调整悬架系统的性能。（　　）

4．车速传感器用于检测转向盘的转动速度和转动方向。（　　）

5．悬架系统控制执行器安装在空气弹簧和减振器的上方，仅能控制减振器的回转阀进行阻尼调节。（　　）

6．空气弹簧悬架系统的刚度可在低、中、高三种状态之间调整。（　　）

7．悬架系统指示灯位于仪表板上，用于显示减振器的阻尼状态，并在悬架系统发生故障时点亮，以提醒驾驶员。（　　）

8．带有路况预测传感器的电子控制主动悬架系统可以使汽车提前对路面情况进行预测和处理，因此大大改善了悬架系统的工作性能。（　　）

9．电子控制主动悬架系统的路况预测传感器通常为超声波传感器。（　　）

10．油气弹簧通过油液压缩气室中的空气实现变刚度特性，通过电磁阀控制油液管路中的小孔节流实现变阻尼特性。（　　）

四、简答题

1．简述电子控制空气弹簧悬架系统的组成。

2．简述无级式半主动悬架系统的组成。

3．简述电子控制油气弹簧悬架系统的组成。

4．简述电子控制悬架系统检测的内容。

模块三　汽车转向系电子控制系统

课题1　电控动力转向系统

一、填空题（将正确答案填写在横线上）

1. 汽车转向系统按转向能量的来源不同分为________转向系统和________转向系统两类。

2. 普通液压式动力转向系统按系统内部压力状态分为__________和__________两种。

3. 电控液压式动力转向系统主要由____________、__________、____________、电子控制单元（ECU）、储液罐、动力转向泵、转向控制阀和转向动力缸等组成。

4. 电控电动式动力转向系统的传感器包括_____________、_________________和__________________。

5. 电控电动式动力转向系统的执行器包括________________、________________和_______________。

6. 减速机构有多种组合方式，一般采用____，也有的采用两级行星齿轮与传动齿轮组合方式。

7. 电控动力转向系统常见的故障原因主要集中在__________________________和______________________________________。

8. 电控动力转向系统中电子控制系统的检修主要针对传感器、执行器、ECU和线路连接，并应充分利用__________________________。

9. ____________主要用于将来自动力转向泵的油液分送到转向控制阀、油压反力室和电磁阀。

10. 电控电动式动力转向系统执行器中的直流电动机通常采用________________。

二、选择题（将正确答案的代号填入括号内）

1.（　　）主要用于检测汽车行驶速度，通常安装在变速器输出轴上。

A．车速传感器　　B．转向力矩传感器

C．转角传感器　　D．电磁阀

2. 当车速较高时，流入电磁阀电磁线圈的电流（　　），电磁阀的开度（　　），返回储油罐的回流量减少，而使分流阀分到油压反力室的流量（　　），油压增大，使转向“沉重”。

A. 减小，减小，增加　　B. 增加，减小，增加

C. 减小，增加，减少　　D. 增加，增加，减少

3.（　　）主要用于控制通入电磁阀的电流。

A. 电磁阀　　B. 车速传感器

C. 电子控制单元（ECU）　　D. 分流阀

4. 电控电动式动力转向系统的（　　）是转向助力转矩的信号源。

A. 转向力矩传感器　　B. 转向盘转角传感器

C. 车速传感器　　D. 以上都正确

5.（　）主要应用于前轴最大轴载质量为 3 ~ 7 t 并采用气压制动系的货车和客车。

A. 气压式动力转向系统　　B. 常压式液压式动力转向系统

C. 常流式液压式动力转向系统　　D. 电控电动式动力转向系统

6. 当车速较低时，流入电磁阀电磁线圈的电流（　　），分到油压反力室的流量（　　），油压（　　），使转向“轻便”。

A. 减小，增加，减小　　B. 增大，增加，减小

C. 减小，减少，增大　　D. 增大，减少，减小

7. 电控电动式动力转向系统的特点是（　　）。

A. 零部件少，质量可比电控液压式动力转向系统轻 25%

B. 设计紧凑，所占空间较小

C. 电动机只有在转向时才接通，可节省燃油

D. 以上都正确

8. 电控动力转向系统常见的故障包括（　　）。

A. 转向沉重或转向助力不足

B. 动力转向液产生乳状泡沫、液面低和压力低

C. 急转转向盘时转向力瞬时增大

D. 以上都正确

9.（　　）的主要功用是保证电动转向助力只有在预定的车速范围内起作用。

A. 减速机构　　B. 电磁离合器

C. 电子控制单元　　D. 传感器

10.（　　）根据各传感器的输入信号，确定转向助力转矩的大小和方向，并且直接控制驱动电路去驱动电动机。

A. 减速机构　　B. 电磁离合器

C. 电子控制单元　　D. 传感器

三、判断题（正确的打“√”，错误的打“×”）

1. 常流式液压式动力转向系统的特点是无论转向盘处于正中位置还是转向位置，无论转向盘保持静止还是转动，系统管路中的油液总是保持高压状态。 （ ）

2. 汽车普通动力转向系统可以减轻驾驶员的转向操纵强度，但不能根据车速合理调节转向助力的大小。 （ ）

3. 电控液压式动力转向系统可以按照车速的变化，由电子控制单元控制油压反力，调整动力转向器，从而使汽车在各种行驶条件下转向盘上所需的转向操纵力达到最佳状态。 （ ）

4. 通常改变电磁阀通电时间所占的比例即可控制输出电流的大小，而电磁阀的开度可以控制齿轮箱中油压反力室的油压。 （ ）

5. 电控电动式动力转向系统（EPS）用电动机代替液压式动力转向系统中的转向动力缸，电动机由汽车电源供电。 （ ）

6. 电动机的输出转矩由电磁离合器经减速机构减速、增大后，加在动力转向器上，向转向轮提供转向助力转矩。 （ ）

7. 电控电动式动力转向系统能根据不同的情况产生适合各种车速的转向助力，不受发动机停止运转的影响。 （ ）

8. 按传能介质不同，普通动力转向系统分为气压式和液压式两种。 （ ）

四、看图填空题

将电控电动式动力转向系统的主要组成部件填入下图对应的方框内。

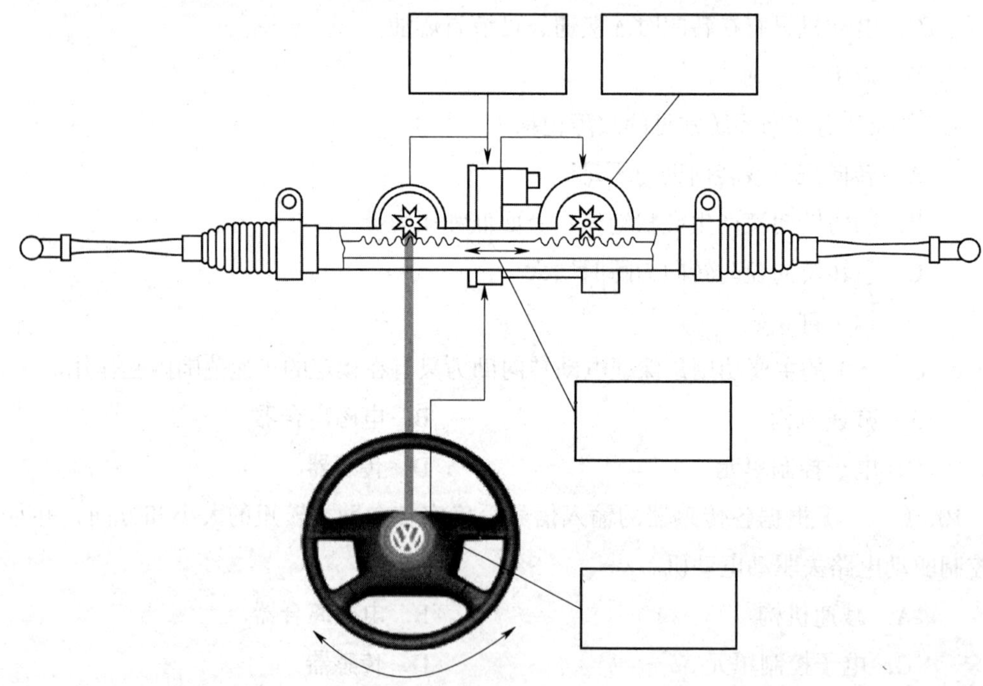

五、简答题

1. 简述电控液压式动力转向系统的工作原理。

2. 简述电控电动式动力转向系统的组成和工作原理。

3. 简述电控电动式动力转向系统的特点。

4．电控动力转向系统发生转向困难故障，可能的故障部位有哪些？

课题2 电控四轮转向系统

一、填空题（将正确答案填写在横线上）

1．汽车四轮转向系统是指__________都作为转向轮的转向系统。

2．汽车四轮转向系统根据控制方式可分为__________、__________和__________。

3．__________又称为转向盘转角传感器。

4．当汽车高速转向时，惯性力使车辆后部产生向侧面移动的趋势，这个过程称为________。

5．汽车电控四轮转向系统由__________、__________和__________等组成。

6．汽车线控转向系统按结构不同可分为__________和__________。

7. ________将与车辆速度相关的电压信号传送到电控四轮转向系统的电子控制单元。

8. 汽车线控转向系统主要由________、________和________三部分组成。

9. 汽车电控四轮转向系统可分为________和________两种类型。

10. 汽车线控转向系统的转向执行模块包括________、________、________、齿轮齿条转向器和电流传感器等。

二、选择题（将正确答案的代号填入括号内）

1. 从通过性参数来看，四轮转向汽车的通过宽度比两轮转向汽车的通过宽度(　　)，有利于转弯、避开障碍、进出车库等。

A. 小得多　　B. 大得多

C. 相等　　D. 大

2. (　　)主要用于检测转向盘的转动方向、转动速度和转动角度。

A. 主前轮转角传感器　　B. 副前轮转角传感器

C. 主后轮转角传感器　　D. 副后轮转角传感器

3. 汽车防抱死制动系统和电控四轮转向系统的电子控制单元共享(　　)的信号。

A. 后轮转速传感器　　B. 车速传感器

C. 主前轮转角传感器　　D. 主后轮转角传感器

4. (　　)向电子控制单元发送与前轮转角相关的信号，一般安装在前轮齿轮齿条转向器内。

A. 副前轮转角传感器　　B. 主后轮转角传感器

C. 主前轮转角传感器　　D. 副后轮转角传感器

5. (　　)安装在后轮转向执行器上与主后轮转角传感器相对的一端。

A. 副前轮转角传感器　　B. 主后轮转角传感器

C. 主前轮转角传感器　　D. 副后轮转角传感器

6. 汽车线控转向系统的优点主要是(　　)。

A. 满足了汽车智能化发展的需要　　B. 提高了汽车的操纵稳定性

C. 改善了驾驶员的路感　　D. 以上都正确

7. 汽车线控转向系统的(　　)包括转向盘、转向力矩传感器、转向盘转角传感器、减速器、路感电动机、电流传感器等。

A. 转向盘模块　　B. 转向执行模块

C. 控制器　　D. 故障容错系统

8. 汽车线控转向系统的（　　）的主要功能是为控制器、转向电动机和路感电动机以及其他车载电器供电。

A. 转向盘模块　　B. 转向执行模块

C. 控制器　　D. 故障容错系统

9. 汽车线控转向系统的（　　）通过对采集的信号进行分析处理，对驾驶员的转向意图和当前车辆运行状态进行判断，根据控制策略做出合理控制决策。

A. 转向盘模块　　B. 转向执行模块

C. 控制器　　D. 故障容错系统

10.（　　）内装有电动机，电动机使循环球螺杆机构驱动转向齿条。

A. 后轮转向执行器　　B. 主后轮转角传感器

C. 主前轮转角传感器　　D. 副后轮转角传感器

三、判断题（正确的打“√”，错误的打“×”）

1. 四轮转向的汽车在低速行驶时，依靠逆向转向，可以减小转弯半径，改善汽车的操纵便捷性。（　　）

2. 四轮转向的汽车在中、高速行驶时，依靠同向转向，可以减小横摆运动，提高转向时的操纵稳定性。（　　）

3. 四轮转向汽车的转弯半径比两轮转向汽车的转弯半径大得多。（　　）

4. 整体调节式汽车线控转向系统保留了原有的机械传动机构，由两个计算机控制下的转向电动机作为动力源。（　　）

5. 汽车电控四轮转向系统出现故障，ECU 会存储故障码，并点亮故障指示灯。（　　）

6. 四轮转向的汽车在车速较低或转向盘转角很大时，后轮的转向与前轮的转向相反；在车速较高或转向盘转角较小时，后轮的转向与前轮的转向相同。（　　）

7. 两轮转向的汽车在高速转向时，前轮产生侧偏角，并产生惯性力使车体开始自转，车速越高，惯性力越大，车体就越不稳定，容易引起车辆的旋转或侧滑。（　　）

8. 汽车线控转向系统的转向盘模块的主要功能是接收控制器的指令，依据驾驶员的转向意图和车辆运行状态，由转向电动机产生合适的转向力矩和转角，控制车轮转向。（　　）

9. 汽车线控转向系统的故障容错系统包括一系列的监控和实施算法，能针对不同的故障形式和故障等级做出相应的处理，以最大限度保证车辆正常行驶，提高转向系统的安全性能。（　　）

10. 分别调节式汽车线控转向系统的两个转向轮内分别装有一个计算机控制、独立驱动的轮毂电动机，省略了传统汽车复杂的机械传动系统。（　　）

四、看图填空题

将电控电动式四轮转向系统的组成部件填入下图对应的方框内。

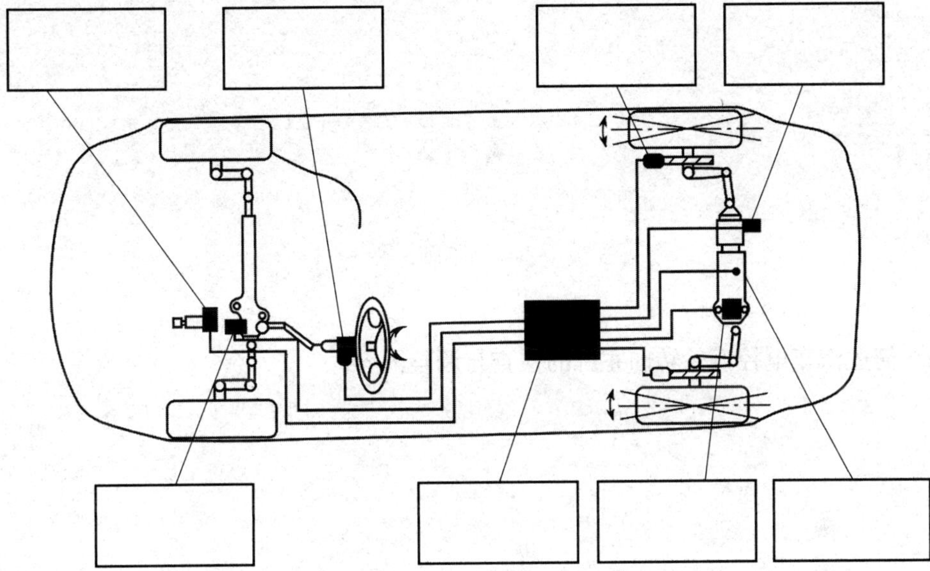

五、简答题

1．简述汽车电控四轮转向系统的组成。

2．简述汽车电控四轮转向系统的检查与维护流程。

3．简述汽车线控转向系统的工作原理。

4．简述汽车电控四轮转向系统的检查与调整内容。

模块四　汽车制动系电子控制系统

课题1　汽车防抱死制动系统

一、填空题（将正确答案填写在横线上）

1．汽车防抱死制动系统（ABS）能保证汽车制动效能及制动时的____________，提高____________________，并缩短________________，具有良好制动效果。

2．ABS按结构不同可分为________和________。

3．ABS在常规制动系统的基础上增加了________、____________和________________。

4．ABS使用的传感器包括车轮转速传感器、________________和____________________。

5．ABS故障指示灯的作用是在ABS出现故障时，由ABS ECU控制使ABS故障指示灯点亮，向驾驶员发出报警信号，并可由________控制闪烁显示故障码。

6．ABS ECU接收传感器信号，比较各车轮转速和____________，判断各车轮的滑移情况后，向ABS执行器下达指令来调节各车轮制动器的________。

7．ABS ECU的作用是接收来自________________和其他传感器的感应电压信号，计算出车轮的转速，进而推算出车轮的加、减速度和滑移率，并对这些信号进行分析后，向________________发出制动压力控制指令。

8．ABS执行器——制动压力调节器的作用是在ABS ECU控制指令驱动下自动调节____________，以获得预期的控制效应。

9．要想获得较大的制动力，并且在制动过程中保持车辆的操纵性和稳定性，必须使滑移率保持在特定的范围内，即______左右。

二、选择题（将正确答案的代号填入括号内）

1．汽车防抱死制动系统是汽车上的一种（　　）安全装置。

A．手动　　B．电动　　C．主动　　D．被动

2．汽车防抱死制动系统的特点是（　　）。

A．提高汽车行驶方向的稳定性　　B．确保制动效能

C．制动距离缩短，制动时间减少　　D．以上都正确

3. 汽车制动时，对制动效能影响较大的力是（　　）和轮胎可承受的侧向力。

A. 制动力　　B. 附着力

C. 驱动力　　D. 滑移力

4.（　　）将车轮转速信号发送给 ABS ECU，ABS ECU 通过计算决定是否开始或准确地进行防抱死制动。

A. 车轮转速传感器　　B. 温度传感器

C. 减速度传感器　　D. 加速度传感器

5. 加速度传感器中的加速度感受元件产生的惯性力与汽车的加速度大小成（　　），方向相反。

A. 反比　　B. 正比

C. 没有关系　　D. 反比或正比

6. ABS ECU 的输入信号来自（　　）。

A. 车轮转速传感器　　B. 液压控制单元

C. ABS 故障指示灯　　D. 制动压力调节器

7. 当前液压式 ABS 广泛采用（　　）制动压力调节器。

A. 气压式　　B. 液压式

C. 可变容积式　　D. 循环式

8. 在某些 ABS 中，为了获得汽车的纵向、横向加速度，在汽车的车身上安装了（　　）。

A. 车轮转速传感器　　B. 温度传感器

C. 加速度传感器　　D. 转速传感器

9.（　　）的作用是检测汽车制动时的减速度，以识别是不是雪路、冰路等易滑路面。

A. 加速度传感器　　B. 减速度传感器

C. 温度传感器　　D. 车轮转速传感器

10. 循环式制动压力调节器关键元件电磁阀具有的通道包括（　　）。

A. 进液通道　　B. 出液通道

C. 泄压旁通通道　　D. 以上都正确

三、判断题（正确的打“√”，错误的打“×”）

1. 汽车在制动时，如果汽车的前轮抱死，驾驶员就无法控制汽车的行驶方向。（　　）

2. 汽车在制动时，如果汽车的前轮抱死，则会出现侧滑、甩尾甚至整体掉头等严重事故。（　　）

3. 整体式 ABS 的优点是结构紧凑，节省安装空间，成本低，所以在普通轿车上采用较多。（　　）

4. 当滑移率等于 0 时，车轮在地面上处于纯滚动状况。（　　）

5. ABS 的使用与常规制动系统的使用几乎没有区别。（　　）

6. ABS 工作时，驾驶员会感到制动踏板有振动，并听到轻微噪声，这些都属于正常现象。（　　）

7. 分离式 ABS 的制动压力调节器为独立组总成，通过制动管路与制动主缸和制动轮缸相连，安装方便。（　　）

8. 在整体式 ABS 中，制动踏板变硬表示 ABS 可能发生故障。（　　）

四、看图填空题

将分离式 ABS 的主要组成部件填入下图对应的方框内。

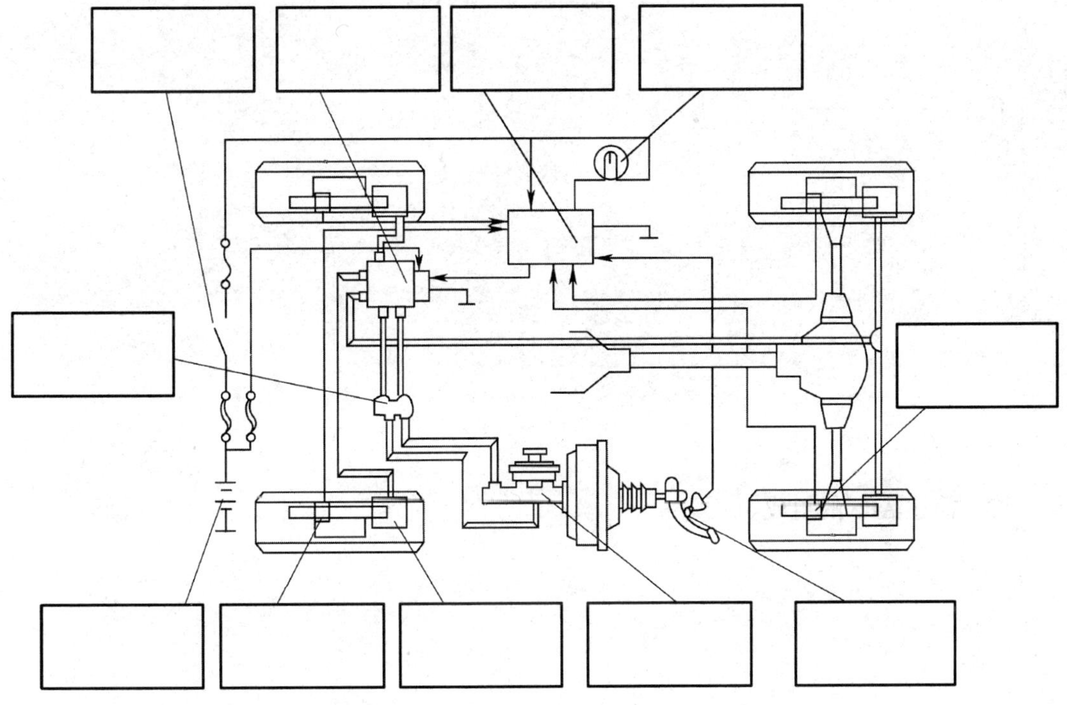

五、简答题

1. 简述滑移率的定义，列出其表达式。

2．简述 ABS 的特点。

3．简述 ABS 的组成。

4．简述采用循环式制动压力调节器的 ABS 制动压力控制过程。

5．下图是什么传感器？根据图示简述该传感器的工作原理。

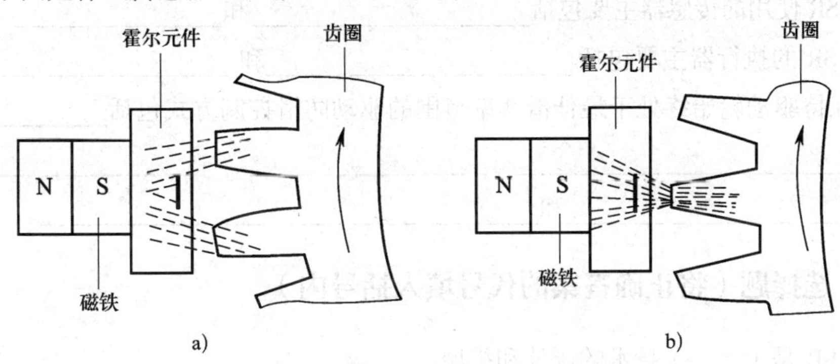

课题❷ 汽车驱动防滑系统

一、填空题（将正确答案填写在横线上）

1. 汽车驱动防滑系统（ASR）的作用是____。

2. ASR 在汽车起步、行驶过程中提供最佳驱动力，提高了汽车的____________，特别是在附着系数小的路面上，________________能力和________能力良好。

3. ASR 在汽车________________时发挥作用，以获得尽可能高的加速度。

4. ASR 是使车轮中心平移速度即车速不为____，防止车轮滑转，一般在车速很高时不起作用。

5. ASR 主要由______________、__________________________、________________、________________________________等组成，有些部件与 ABS 共用。

6. ASR 的______________________可根据车轮转速传感器的信号以及发动机和自动变速器的电子控制单元中____________________________判断汽车行驶条件后，对副节气门执行器、ASR 制动压力调节器发出指令。

7. ASR 使用的传感器主要包括____________________和______________________。

8. ASR 的执行器主要包括______________________和______________________。

9. 保持驱动轮始终处于最佳滑移率范围的驱动防滑控制方式包括____、_______________________________________、______________________________和______________________________。

二、选择题（将正确答案的代号填入括号内）

1. ASR 是（　　）技术的延伸和扩展。

A. ASB　　B. ABS

C. ASC　　D. ASD

2. ASR 的优点是（　　）。

A. 在汽车起步、行驶过程中提供最佳驱动力

B. 保持汽车的方向稳定性

C. 减少轮胎磨损

D. 以上都正确

3.（　　）是比较迅速的驱动防滑控制方式，反应时间为 30~100 ms。

A. 减小点火提前角　　B. 减少或暂停供油

C. 串联一个副节气门　　D. 调节喷油泵的喷油量

4.（　　）是应用最早的驱动防滑控制方式，在附着系数较小的冰雪路面上或高速下制动时，该控制方式十分有效。

A．发动机输出转矩控制　　B．驱动轮制动力矩控制

C．差速器锁止控制　　D．离合器或变速器控制

5.（　　）时，ABS 和 ASR 同时起作用。

A．汽车后轮在加速过程中发生滑转　　B．汽车前轮在加速

C．汽车前轮在制动失去方向稳定性　　D．驱动轮出现滑转

6．汽油发动机控制输出转矩是利用（　　）发出指令，分别进行点火参数、燃油供给量和节气门开度的调节。

A．电子控制单元　　B．节气门位置传感器

C．燃油传感器　　D．车轮转速传感器

三、判断题（正确的打“√”，错误的打“×”）

1．各种驱动防滑控制方式都存在不同的局限性，因此一般不单独采用一种控制方式，而是组合应用。（　　）

2．ASR 能保持汽车的方向稳定性和后轮驱动汽车的转向控制能力。（　　）

3．ASR 能减少轮胎磨损，但是会增加发动机油耗。（　　）

4．ASR 电子控制单元与 ABS 电子控制单元不相同，通常是分开的。（　　）

5．与 ABS 不同的是，ASR 在整个汽车行驶过程中均起作用，特别是在湿滑路面行驶时，驱动轮防滑性能更佳。（　　）

6．ABS 是使车轮转动角速度不为零，防止车轮抱死滑移，一般在车速很高时不起作用。（　　）

7．现在广泛采用的驱动防滑控制方式是发动机节气门开度调节和驱动轮制动力矩控制的组合应用。（　　）

四、简答题

1．简述 ASR 的优点。

2. 简述 ASR 的组成以及各组成的功能。

3. 简述 ABS 和 ASR 的异同。

4．简述汽油发动机输出转矩控制的原理。

课题③ 其他制动辅助电子控制系统

一、填空题（将正确答案填写在横线上）

1．给汽车装备 ABS 和 ASR 并不能解决所有制动问题，为进一步提高制动效能，确保制动时的方向稳定性，于是又出现了____________________、____________________和____________________等制动辅助电子控制系统。

2．____________________是 ABS 的辅助和补充。

3．电控制动力分配程序可以根据____________和____________，自动改变前、后轮制动力的分配。

4．实际制动力分配曲线是兼顾____________和____________并优先考虑制动稳定性的原则进行控制的。

5．____________________简称 EBA。

6．电控制动辅助系统的作用是根据____________________和____________________，判断作用于制动踏板的速度和力量，增大汽车紧急制动时的制动力，从而缩短制动距离。

7．装备电控制动辅助系统后，ECU 根据制动踏板行程传感器信号和_____________________________________，计算、确定驾驶员踩下制动踏板的________和________，从而判断本次制动属于常规制动还是紧急制动。

二、选择题（将正确答案的代号填入括号内）

1．车身稳定性控制系统由（　　）组成。

A．传感器　　B．电子控制单元

C．执行器　　D．以上都正确

2．转向盘转角传感器安装在转向盘的后侧，用于检测（　　）。

A．车轮转速　　B．转弯的角度

C．驾驶员转动转向盘的角度信号　　D．以上都不正确

3．车轮转速传感器安装在每个车轮上，用于检测（　　）。

A．车轮旋转的角速度　　B．车轮的速度

C．车轮旋转的圈数　　D．以上都不正确

4．在汽车行驶过程中，前轮发生侧滑时会产生较大的（　　），导致转向不足。

A．侧偏角　　B．横向加速度

C．制动力　　D．加速度

5．在汽车行驶过程中，后轮发生侧滑时会产生较大的（　　），导致转向过度。

A．侧偏角　　B．横向加速度

C．制动力　　D．加速度

三、判断题（正确的打“√”，错误的打“×”）

1．当汽车制动减速使车轮发生滑移时，制动压力调节器执行 ASR 功能；当车轮发生滑转时，制动压力调节器执行 VSC 功能；当车身发生侧滑时，制动压力调节器执行 ABS 功能。（　　）

2．抑制前轮侧滑时，需要通过增大发动机输出转矩使汽车加速，同时额外增加一个制动力使车身产生向内旋转的运动。（　　）

3．汽车前轮侧滑会失去路径跟踪能力，后轮侧滑会发生甩尾现象。（　　）

4．车身稳定性控制系统一般都直接利用 ABS 制动压力调节器来调节制动力。（　　）

5．节气门位置传感器安装在车轮上，用于检测驾驶员操纵加速踏板的速度和力量以及由 VSC 执行器调节发动机输出转矩时节气门开度的大小。（　　）

6．横向加速度传感器的功能与横摆率传感器的功能相同。（　　）

四、简答题

1. 简述电控制动力分配系统的作用和原理。

2. 简述电控制动辅助系统的作用和原理。

3．简述车身稳定性控制系统的作用和组成。

4．简述车身稳定性控制系统的原理。

模块五　汽车车身安全性电子控制系统

课题1　汽车安全气囊系统

一、填空题（将正确答案填写在横线上）

1. 拆下来的气囊必须使______面朝上。

2. 安全气囊组件主要包括______________、________和________等。

3. ____________________用于在点火器引燃点火剂时，产生气体并向气囊充气，使气囊膨胀展开。

4. 气体发生器主要分为压缩气体式、烟火式和__________三种。

5. 碰撞传感器可分为机电式和电子式两种。常见的机电式碰撞传感器包括____________、____________和____________等；常见的电子式碰撞传感器包括____________和____________等。

6. ______________的作用是指示安全气囊系统功能是否处于正常状态。

7. 安全气囊________________________是安全气囊系统的控制中心，其功能是接收传感器输入的信号，判断是否启动安全气囊系统，并进行故障自诊断。

8. 安全气囊传感器分为碰撞传感器和________传感器，它们相当于控制开关，决定是否允许安全气囊工作。

9. 车速越高，撞击程度________，充气膨胀力________。

10. 安全气囊系统要能正确区分制动减速度和____________________。

二、选择题（将正确答案的代号填入括号内）

1. 汽车安全气囊系统引燃点火剂时产生的气体一般是无毒无味的（　　）。

A. N_2　　B. O_2

C. CO_2　　D. CH_2

2. 汽车安全气囊系统的英文缩写为（　　）。

A. SRS　　B. CSR

C. SRC　　D. ABS

3．安全气囊展开进行保护的过程（　　）。

A．可逆　　B．不可逆

C．部分可逆　　D．无用

4．安全气囊系统只是辅助保护系统，只有与（　　）配合使用才能起到预想的保护效果。

A．转向盘　　B．传感器

C．安全带　　D．座椅

5．安全气囊系统的组成不包括（　　）。

A．安全气囊传感器　　B．安全气囊组件

C．安全带收紧器　　D．电子控制单元

6．正面安全气囊系统只有在汽车正前方或斜前方（　　）角范围内发生碰撞，且其纵向减速度达到设定值时才能工作。

A．±10°　　B．±20°　　C．±60°　　D．±30°

7．安全气囊系统的工作过程有（　　）。

A．气囊充满　　B．能量吸收

C．气体逸出　　D．以上都正确

8．为了与其他电气系统的线束区别，安全气囊系统的线束一般采用（　　）。

A．红色　　B．黄色　　C．蓝色　　D．绿色

9．在气囊背面或顶部设置排气口的目的是（　　）。

A．便于被保护者呼吸

B．形成一个缓冲软垫保护层

C．在气囊展开后气体能迅速排出

D．以上都不正确

10．SRS 的故障检修项目不包括（　　）。

A．清除记忆故障码　　B．检修 SRS 线路

C．更换 SRS 故障部件　　D．检修发动机电控模块

三、判断题（正确的打“√”，错误的打“×”）

1．安全气囊系统只能一次性工作，而安全带系统可以多次重复使用。（　　）

2．安全气囊系统点火器的引线连接器内一般都设有短路片，以防止静电或误通电而造成气囊误展开。（　　）

3．安全气囊系统是防止汽车碰撞的一种主动安全装置。（　　）

4．在检修安全气囊系统元件时应关闭系统，以防止气囊误展开。（　　）

5．安全气囊系统采用双电源，即汽车电源（蓄电池、发电机）和备用电源。（　　）

6. 在检修安全气囊系统之前，应断开蓄电池负极电缆，并按维修手册规定等待一段时间。 ( )

7. 安全气囊系统线束维修不规范，可能导致气囊或预紧安全带突然展开，引起严重伤害。 ( )

8. 在检修安全气囊系统时，常用万用表检查安全气囊组件。 ( )

9. 当汽车发生碰撞时，安全气囊系统要在二次碰撞前正确、快速打开气囊，并能正确泄气，起到缓冲作用。 ( )

10. 安全气囊系统要求具有防误爆功能和自诊断功能。 ( )

四、看图填空题

将汽车安全气囊系统的主要组成名称填入下图的方框内。

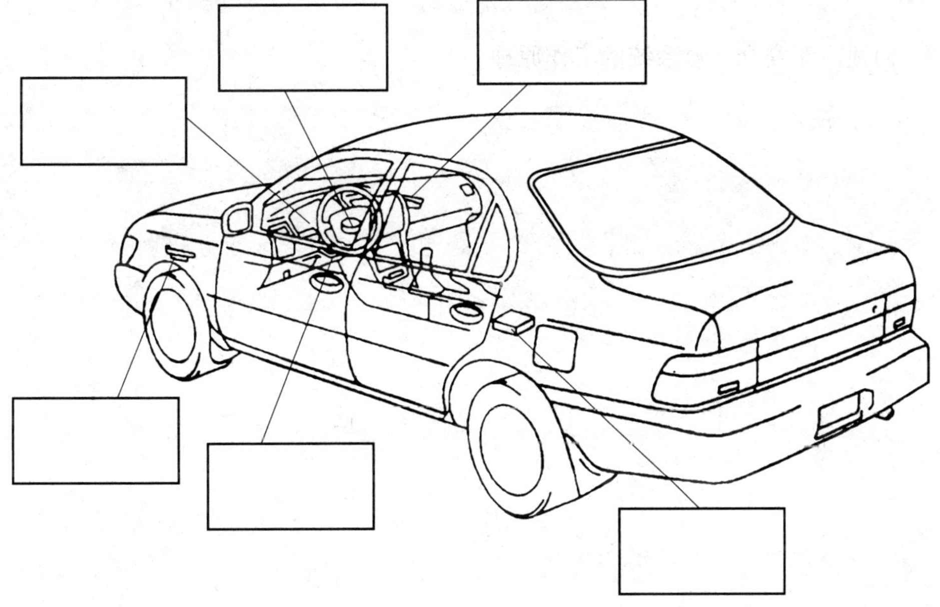

五、简答题

1. 简述汽车对安全气囊系统的性能要求。

2. 简述汽车安全气囊系统的组成。

3. 简述汽车安全气囊系统的工作原理。

4．简述汽车安全气囊系统检修的注意事项。

课题2 汽车防盗电子控制系统

一、填空题（将正确答案填写在横线上）

1．汽车防盗系统按其结构可分为__________、__________、__________和__________四种类型。

2．电子式防盗技术是给汽车车锁加上__________的防盗方式。电子防盗系统安装隐蔽，功能齐全，采用__________方式，操作简便。

3．汽车防盗电子控制系统由开关和__________、__________和__________三部分组成。

4. 机械式防盗装置是采用金属材料制作的各种防盗锁具，包括__________、__________、__________、踏板锁（离合器踏板锁、制动踏板锁）、车轮锁、汽车防盗磁片等。

5. 生物识别是指通过__________进行验证的方式，如识别指纹、面孔、声音、虹膜等。

6. 生物识别式防盗主要为汽车_______识别防盗系统。

7. 汽车网络式防盗系统可通过____________________将报警车辆所在位置和报警信息传送到报警中心，此外，还可以增加交通事故、防盗系统意外失效、抢劫等自动报警功能。

8. 防盗 ECU 可控制________________，从而控制起动机能否正常起动。

9. 车用密码锁有____位键，而密码一般取____位数。

10. 为了防止盗贼将车拉走或开走，有些车辆使用了意外振动报警装置，其工作原理是在汽车内部安装________________。

二、选择题（将正确答案的代号填入括号内）

1.（　　）防盗系统是目前比较流行且比较实用的汽车防盗系统。

A. 机械式　　B. 电子式

C. 网络式　　D. 密码式

2. 丰田雷凌汽车防盗系统中车门门锁总成的功能是（　　）。

A. 接收上车车门锁止 / 解锁信号

B. 接收遥控车门锁止 / 解锁信号

C. 检测车门状态（打开或关闭）

D. 检测车门状态（锁止或解锁）

3. 丰田雷凌汽车防盗系统中（　　）的功能是检测到试图闯入或盗窃时闪烁。

A. 安全指示灯　　B. 转向信号灯

C. 警报喇叭总成　　D. 车辆喇叭

4. 设定丰田雷凌汽车防盗系统时，安全指示灯不闪烁故障发生的可能部位是（　　）。

A. 安全指示灯电路　　B. 门控灯开关电路

C. 智能钥匙 ECU 总成　　D. 主车身 ECU

5. 车门打开，仍可设定丰田雷凌汽车防盗系统故障发生的可能部位不包括（　　）。

A. 前门门控灯开关电路　　B. 后门门控灯开关电路

C. 发动机罩门控灯开关电路　　D. 行李舱门控灯开关电路

6. 汽车防盗电子控制系统的组成不包括（　　）。

A. 开关和传感器　　B. 报警装置

C. 防盗 ECU　　D. 发动机 ECU

7. 汽车防盗电子控制系统的增强防盗措施不包括（　　）。

A. 强化中控门锁系统功能　　B. 使发电机无法工作

C. 安装意外振动报警装置　　D. 使发动机 ECU 处于非工作状态

8. 丰田雷凌汽车防盗系统的组成不包括（　　）。

A. 点火开关　　B. 警告灯总成

C. 蓄电池　　D. 智能钥匙 ECU 总成

9. 丰田雷凌汽车防盗系统的主动警戒模式不包括（　　）。

A. 解除警戒状态　　B. 警戒准备状态

C. 警戒状态　　D. 发动机起动状态

10. 丰田雷凌汽车防盗系统无法设定故障发生的可能部位不包括（　　）。

A. 行李舱门锁总成　　B. 智能钥匙 ECU 总成

C. 喇叭电路　　D. 主车身 ECU

三、判断题（正确的打“√”，错误的打“×”）

1. 汽车防盗系统实质上是一种用来增加盗车难度，延长盗车时间的装置。（　　）

2. 机械式防盗装置操作简便、价格便宜，但不能报警。（　　）

3. 当电子式防盗系统开启之后，如果有人非法移动汽车，开启车门、油箱门、发动机舱盖、行李箱盖或接通点火线路时，防盗装置立刻发出警报，外部灯光闪烁。（　　）

4. 当汽车防盗电子控制系统启动后，只有通过遥控钥匙发出的解锁信号被遥控模块接收到，或用机械钥匙插入锁孔开门，才能使防盗 ECU 解除警报状态，此时才可以正常开启车门。（　　）

5. 每一把钥匙内部均有一定的电阻值，若用齿形相同但电阻值不同的钥匙开启车门或起动发动机，则汽车防盗系统认为是合法的。（　　）

6. 无线电信号干扰或屏蔽可能导致电子式防盗系统失效。（　　）

7. 网络式防盗系统从技术上来说是可靠的，但需要政府的支持和社会各方面的配合，需要完善的配套设施等。（　　）

8. 防盗 ECU 不仅可以控制起动线路，还可以切断汽油泵继电器控制线路，使发动机处于无油供给状态，也可以控制自动变速器继电器控制线路，使变速器液压油路控制板中的电磁阀无法打开，进而使变速器无法工作。（　　）

9. 安装意外振动报警装置的汽车非法移动、受到碰撞，使振动传感器反馈信号大于标准值时，报警喇叭、警报灯将启动工作，提示车主注意。（　　）

10. 电子式防盗系统如因电源中断或其他原因造成系统失效，不需要采用专用仪器或特殊程序恢复性能。（　　）

四、看图填空题

将丰田雷凌汽车防盗系统的主要组成部件名称填入下图的方框内。

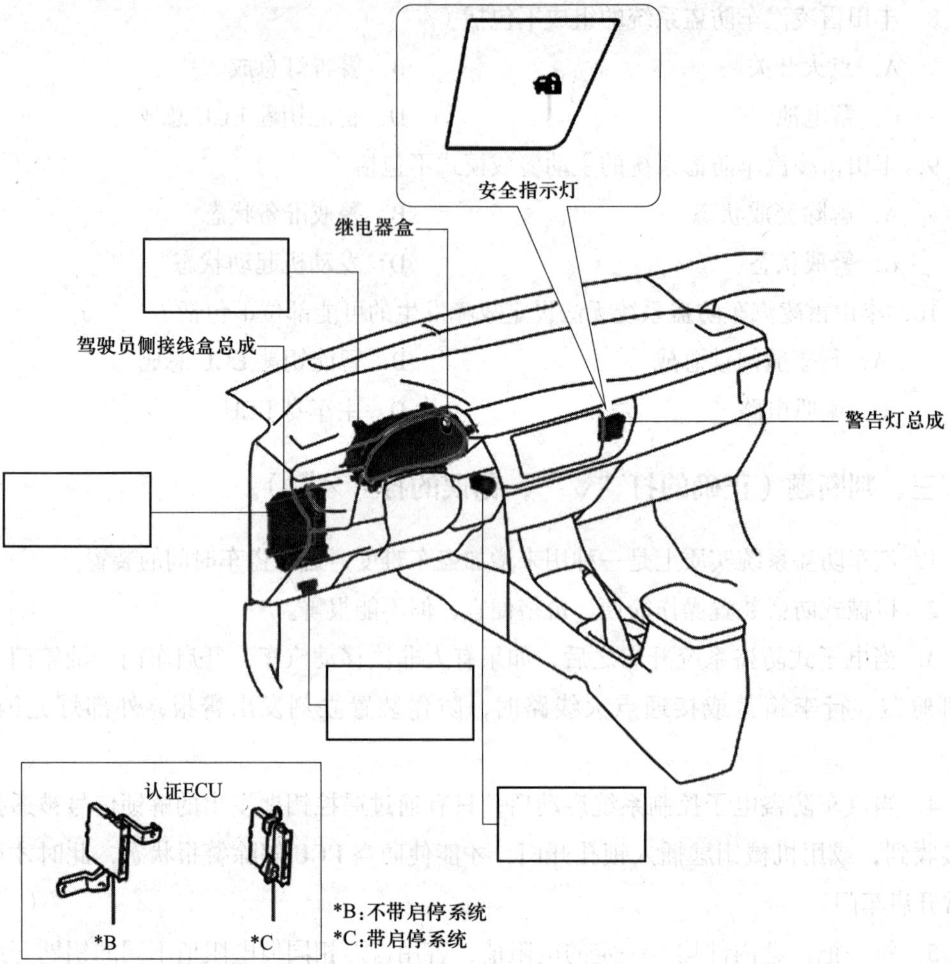

五、简答题

1. 简述汽车防盗电子控制系统的工作原理。

2. 汽车防盗电子控制系统的增强防盗措施有哪些？

3. 画出丰田雷凌汽车防盗系统故障诊断与排除流程图。

课题3 汽车防撞电子控制系统

一、填空题（将正确答案填写在横线上）

1. 汽车防撞电子控制系统的作用是____。

2. 汽车防撞电子控制系统是由各种________________、________________和________________（控制发动机动力和制动装置）组成的安全系统。

3. ________向目标发射激光束探测信号，然后将接收到的从目标反射回来的回波信号与发射信号进行比较，从而获得目标的位置、运动状态等信息，实现对目标的探测、跟踪和识别。

4. ____________的主要作用是在车辆倒车时，利用超声波检测车辆后方的障碍物，并利用指示灯和蜂鸣器等把车辆到障碍物的距离和位置等通知驾驶员，确保安全。

5. 汽车上使用的电磁波传感器主要是__________。

6. 汽车防追尾电子控制系统主要由__________、__________和________三部分组成。

7. 侧向辅助系统又称为盲区检测系统，主要用于________。

8. 车距监控防撞系统主要由__________、__________和__________组成。

9. 视觉传感器是指通过对______拍摄到的图像进行处理，对目标进行检测，输出数据和判断结果的传感器。

10. 主动巡航控制系统在定速巡航系统基础上，增加了通过布置在车辆前部的____________来检测前方车辆（或其他障碍物）的功能。

二、选择题（将正确答案的代号填入括号内）

1. 视觉传感器在智能网联汽车或无人驾驶汽车上的应用以（　　）的形式出现。

A. 毫米波雷达　　B. 摄像头

C. 超声波传感器　　D. 激光雷达

2.（　　）一般用于全景环视功能的显示，以及融合泊车功能的视觉感知和目标检测。

A. 环视摄像头　　B. 后视摄像头

C. 侧视摄像头　　D. 内置摄像头

3.（　　）主要用于泊车辅助。

A. 环视摄像头　　B. 后视摄像头

C. 侧视摄像头　　D. 内置摄像头

4. 毫米波对应的频率范围为（　　）。

A. 3~10 GHz　　B. 10~30 GHz

C. 30~300 GHz　　D. 300~3 000 GHz

5.（　　）通过模仿人眼的功能实现对物体距离和大小的感知，进而感知周边环境。

A. 单目摄像头　　B. 双目摄像头

C. 三目摄像头　　D. 四目摄像头

6. 毫米波雷达的主要组成不包括（　　）。

A. 天线　　B. 信号处理器

C. 发射机和接收机　　D. 蓄电池

7. 视觉传感器中，（　　）的功能是将处理后的图像数据进行传输。

A. 光学镜头　　B. 图像传感器

C. 图像信号处理器　　D. 串行器

8.（　　）工作时，雷达的发射模块通过天线将电信号转化为电磁波发出，接收模块接收到射频信号后将射频电信号转换为低频信号，最后由信号处理模块从信号中获取距离、速度和角度等信息。

A. 毫米波雷达　　B. 摄像头

C. 超声波传感器　　D. 激光雷达

9. 行车环境监测系统由（　　）和能够判定路面状况的道路传感器组成。

A. 摄像头　　B. 毫米波雷达

C. 超声波传感器　　D. 激光雷达

10. 风神蓝鸟汽车防撞电子控制系统尚未挂入倒挡即发生长鸣现象的故障原因可能是（　　）。

A. 蜂鸣器插头未插或损坏　　B. 电源线与非倒车挡电源并接

C. 控制主机损坏　　D. 检测器损坏

三、判断题（正确的打“√”，错误的打“×”）

1. 当汽车正常行驶时，汽车防撞电子控制系统处于正常工作状态。（　　）

2. 扫描式激光雷达不但可以测量到前方车辆的距离，还可以测量其横向位置。（　　）

3. 超声波是指耳朵无法听到的高频声波。（　　）

4. 所有车辆的雷达倒车报警系统中都安装了 4 个超声波传感器。（　　）

5. 超声波传感器具有方向性。（　　）

6. 当汽车的自动制动操作机构处于工作状态时，若驾驶员的操作制动力大于自动制动控制的制动力，则驾驶员的操作制动有效。（　　）

7. 因为雷达倒车报警系统的造价高，所以目前多使用超声波倒车报警系统。（　　）

8. 超声波传感器既是传感器，又是执行器，既发射信号，也接收信号。（　　）

9. 相比于单目摄像头和双目摄像头，三目摄像头拥有更好的视野广度和精度。（　　）

10. 侧后视摄像头主要用于监测驾驶员状态，实现疲劳提醒等功能。（　　）

四、看图填空题

将视觉传感器的主要组成部件填入下图的方框内。

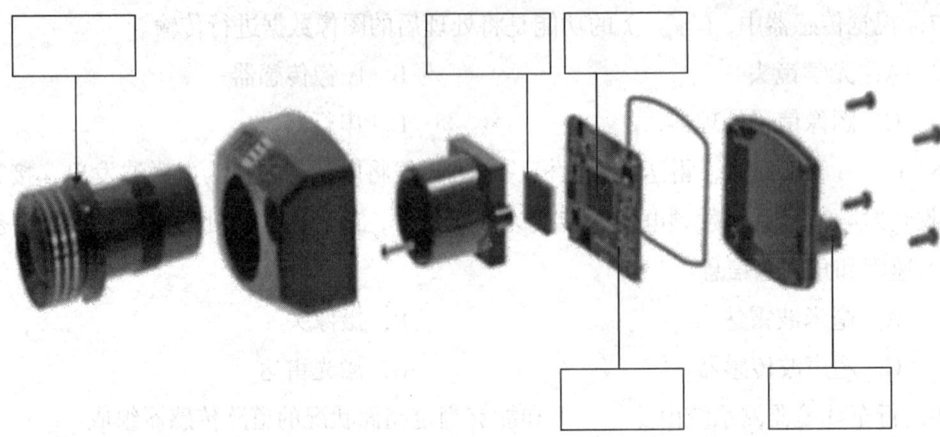

五、简答题

1. 简述超声波传感器制成的超声波系统的组成和工作原理。

2. 汽车防撞电子控制系统中测量汽车与障碍物之间距离的方法有哪些？

3．简述汽车防追尾电子控制系统的组成和工作原理。

4．简述车距监控防撞系统的工作过程。

模块六　汽车车身舒适性及其他电子控制系统

课题1　汽车监测显示系统

一、填空题（将正确答案填写在横线上）

1. 汽车监测显示系统对保证汽车行驶的__________、__________和__________起重要作用。

2. 车辆状况监测系统主要由______________、_________________________和______________组成。

3. 电子仪表常用的显示方法包括______________和______________。

4. 车速里程表用来显示汽车______________和_________________________。

5. 车速表接收来自__________________的信号。

二、选择题（将正确答案的代号填入括号内）

1.（　　）指示灯用于监控安全带是否处于锁止状态。

A．安全气囊　　B．转向

C．发电机　　D．安全带

2. 数字显示比模拟显示读取时间（　　）。

A．长　　B．短

C．一样　　D．以上都不正确

3. 传感器主要用于监测汽车状态参数的（　　）值。

A．最大　　B．最小

C．平均　　D．瞬时

4. 车辆状况监测系统的点火开关接通后，电子控制单元连续读取传感器信号，通过计算和分析判断有无被监测的参数超出设定（　　）值。

A．最大　　B．最小

C．平均　　D．阈

5．照明系统监测装置包含4个监测电路，两个在车前，两个在车后，每个监测电路都有一个外绕线圈的舌簧开关。当灯光工作正常时，线圈产生的磁通使开关触点闭合，（　　）通过，仪表板上的灯光指示灯（　　）。

A．电流　熄灭　　B．电压　点亮

C．电流　点亮　　D．电压　熄灭

6．轮胎压力监测是指持续监测轮胎压力，并将压力值与（　　）值进行比较。

A．最大　　B．最小

C．平均　　D．基准

7．模拟显示仪表显示的是来自传感器的信息（　　）值，数字显示仪表显示的是（　　）值。

A．平均　即时　　B．最大　最小

C．最小　最大　　D．最大　即时

三、判断题（正确的打“√”，错误的打“×”）

1．大多数数字显示仪表都有自诊断功能，每当点火开关旋到ACC或RUN挡时，仪表便进行一次自检，若发现故障，便显示一个故障码。（　　）

2．如果在行驶中EPC指示灯亮起，则表示发动机电子功率控制系统出现故障，必须立即检查发动机。（　　）

3．如果在行驶中预热装置指示灯闪烁，则表示发动机电子功率控制系统没有故障。（　　）

4．废气监控系统指示灯亮起表示废气监控系统出现故障，应尽快为汽车排除故障。（　　）

5．车速传感器分为光电式传感器、磁脉冲发生器和霍尔效应传感器等。（　　）

6．在打开点火开关进行功能检查时，可调空气悬架指示灯亮起几秒后熄灭。（　　）

四、简答题

1．简述车辆状况监测系统的功能。

2．简述车速里程表的组成和工作原理。

3．汽车监测显示系统包含哪些使用功能?

4．简述汽车电子仪表的检修内容。

课题❷ 汽车自动座椅与安全带系统

一、填空题（将正确答案填写在横线上）

1．根据使用电动机的数量，电动座椅可分为______________、______________、____________和____________等。

2．汽车自动座椅主要由________________、________________、_____________、__________________和________________等组成。

3．霍尔式位置传感器主要由______________和______________________等组成。

4．汽车自动座椅的位置传感器包括座椅位置传感器、____________位置传感器、安全带扣环传感器和____________________传感器等。

5．____________系统是车辆上保护驾乘人员安全的最重要、最有效、最经济、最普及的安全防护装置。

二、选择题（将正确答案的代号填入括号内）

1．用测试灯检查汽车自动座椅的断路器时，不接通点火开关，测试灯在断路器两端都应（　　）。

A．点亮　　B．熄灭

C．闪烁　　D．以上都不正确

2．电动座椅使用的电动机最多可达（　　）个。

A．6　　B．8

C．10　　D．4

3．活塞式收紧器是在普通安全带的基础上加装（　　）形成收紧系统。

A．点火器　　B．气体发生器

C．限力器　　D．调节器

4．（　　）系统是汽车安全带系统的辅助安全装置。

A．安全气囊　　B．转向盘

C．座椅　　D．以上都不正确

5．安全带收紧器只能工作（　　）次。

A．一　　B．二　　C．三　　D．四

6．自动座椅是在电动座椅的基础上增加了（　　）功能。

A．存储与复位　　B．自动控制

C．前后移动　　D．倾斜

三、判断题（正确的打“√”，错误的打“×”）

1. 自动座椅都具有前后上下调整、前后水平调整的功能，并能储存两到三个座椅位置。（　　）

2. 自动变速器变速杆在“P”挡以外位置时，汽车自动座椅的复位动作被禁止。（　　）

3. 安全带系统可以防止驾乘人员在碰撞事故中被抛出车外，还可以防止或减轻驾乘人员与车内物体的二次撞击。（　　）

4. 自动座椅的复位动作在踩下制动踏板的状态下被禁止，目的是防止在行驶过程中，因位置产生变化而影响行车安全。（　　）

5. 安全带锁扣、收紧器损坏时应换新件，不可分解维修。（　　）

6. 接通点火开关，不系安全带时，安全带指示灯应不亮。（　　）

四、简答题

1. 简述汽车自动座椅电子控制系统的工作原理。

2. 简述汽车自动座椅的检修内容。

3. 简述汽车安全带系统检修的注意事项。

4. 简述安全带指示灯的检查方法。

课题③ 汽车空调系统

一、填空题（将正确答案填写在横线上）

1. 汽车空调系统可分为________空调系统和________空调系统。

2. 自动空调系统可分为__________________和__________________。

3. 汽车自动空调系统鼓风机转速控制功能包括自动控制、预热控制、时滞气流控制、启动控制和________________。

4. 日照强度传感器含有一个____________________，可以检测照在传感器上的太阳光量，并将光信号转变成电流值发送到电子控制单元。

5. 自动空调的预热功能是利用冷却液温度传感器检测发动机冷却液的温度进行工作的，只有发动机冷却液温度达到________温度，鼓风机电动机才可能启动。

二、选择题（将正确答案的代号填入括号内）

1. 车内温度传感器是一个（　　）。

A. 电容器　　B. 热敏电阻器

C. 功率三极管　　D. 电位计

2.（　　）的功能是降温、除湿。

A. 通风与空气净化装置　　B. 制冷装置

C. 暖风装置　　D. 空调滤清器

3. 当温度较低时，车内温度传感器具有较大的电阻值；温度升高，车内温度传感器的电阻值（　　）。

A. 增大　　B. 不变　　C. 减小　　D. 以上都不正确

4. 混合空气门执行器是一个根据驾驶员选择的（　　）自动控制混合空气门位置的电动机。

A. 车外温度　　B. 车内湿度

C. 车内温度　　D. 以上都不正确

5. 驾驶员按下空调控制面板上的除霜按钮，电子控制单元操纵模式门执行器使空气流从除霜风管流出。

A. 地板风管　　B. 除霜风管和地板风管

C. 除霜风管　　D. 以上都不正确

6. 启动控制功能用于防止（　　）被启动电流损坏。

A. 电容器　　B. 热敏电阻器

C. 功率三极管　　D. 电位计

三、判断题（正确的打“√”，错误的打“×”）

1. 汽车空调系统可以对车内空气温度、湿度、清洁度、风速、通风等进行调节。（　　）

2. 自动空调系统鼓风机的转速只能人工调节。（　　）

3. 半自动空调系统没有自诊断功能，而全自动空调系统具有自诊断功能。（　　）

4. 从结构组成来看，自动空调系统比普通空调系统复杂得多。（　　）

5. 蒸发器温度传感器安装在蒸发器的传热片上或能够测量从蒸发器出来的空气温度的位置，其原理与车内温度传感器相同。（　　）

6. 如果传感器信号显示发动机节气门开度大或发动机处于高速运转状态，电子控制单元也不给压缩机离合器供电。（　　）

四、简答题

1. 简述汽车空调系统的工作原理。

2. 简述汽车自动空调电子控制系统的组成。

课题4　汽车照明与信号系统

一、填空题（将正确答案填写在横线上）

1. 车辆使用的灯光包括照明灯和＿＿＿＿＿＿。

2. 对于安装灯光自动控制系统的汽车，当灯光控制开关处于＿＿＿＿＿位置时，灯光自动控制系统的传感器自动检测环境的光照等级。

3. 前照灯应具备＿＿＿＿＿＿功能，以避免夜间两车相会时，对方驾驶员眩目而造成交通事故。

4. 智能弯道辅助照明系统通过传感器监控车辆的＿＿＿＿＿＿＿或转向盘转角，根据需要开启辅助照明灯光或者调整前照灯光源的方向来增强转弯内侧的照明。

5. ＿＿＿＿＿＿＿＿＿＿＿＿可以在汽车停驶后，提供一段时间的照明，便于驾驶员离开车辆。

二、选择题（将正确答案的代号填入括号内）

1. 前照灯应保证车前有明亮而又均匀的照明，使驾驶员能看清车前（　　）m 内路面上的物体。

A. 50　　B. 100　　C. 150　　D. 200

2. 灯光自动关闭系统启动，车外灯（前照灯和尾灯）关闭时，点火开关应置于（　　）位置。

A. OFF　　B. ACC

C. LOCK　　D. START

3. 前照灯自动清洗系统能在（　　）开启时，每隔一段时间使用高压水流对前照灯灯罩表面进行清洗，从而保证良好的照明效果。

A. 前照灯　　B. 雨刮

C. 雾灯　　D. 转向灯

4. 倒车灯灯光的颜色为（　　）色。

A. 红　　B. 黄　　C. 白　　D. 橙

5. 制动灯灯光的颜色为（　　）色。

A. 红　　B. 黄　　C. 白　　D. 橙

6.（　　）用于在白天自动点亮日间行车灯，以使其他车辆更容易看到本车。

A. 日间行车灯系统　　B. 灯光提示蜂鸣器系统

C. 车后灯警告系统　　D. 进车照明系统

三、判断题（正确的打“√”，错误的打“×”）

1. 前照灯自动清洗系统工作时不需要开启雨刮。（　　）

2. 电路图可以提供电气设备的基本电路、电器元件的安装位置、线束和连接器的基本情况。（　　）

3. 汽车照明系统常见故障包括灯光亮度低、灯泡频繁烧坏等。（　　）

4. 更换前照灯灯泡时，需要用相同功率的新灯泡替换旧灯泡。（　　）

5. 氙气前照灯又称为高压气体放电灯或重金属灯。（　　）

四、简答题

1．简述使用电路图进行电气系统故障诊断的步骤。

2．简述左、右转向信号灯都不亮的故障原因和检修方法。

3．简述灯光亮度低的故障原因和检修方法。

课题5 汽车车载网络系统

一、填空题（将正确答案填写在横线上）

1．多路传输是指在同一通道或线路上同时传输____条信息。

2．计算机多路传输系统中的控制单元模块被称为________。

3．为了可靠地传输数据，通常将原始数据分割成具有一定长度的数据单元，这种数据传输单元称为________。

4．通常用____________表示数据总线的数据传输速率。

5．MOST 是一种用于____________数据传输的网络系统。

二、选择题（将正确答案的代号填入括号内）

1．CAN 总线系统的数据传输速率为（　　）Mbit/s。

A．1　　B．2　　C．3　　D．4

2．MOST 总线系统采用（　　）结构。

A．星型　　B．环型

C．树型　　D．混合型

3．车载网络系统的常见故障包括（　　）。

A．数据传输线断路　　B．数据传输线短路

C．控制单元故障　　D．以上都正确

4．下列有关 MOST 总线描述错误的是（　　）。

A．MOST 总线通过光波进行数据传递

B．使用的导线少且重量轻

C．不会产生电磁干扰，同时对电磁干扰也不敏感

D．使用的导线多，对电磁干扰非常敏感

5．在汽车车载网络中，用（　　）确定不同数据传输的优先级。

A．数据总线　　B．通信协议

C．总线速度　　D．以上都不正确

三、判断题（正确的打“√”，错误的打“×”）

1．车载网络系统可以实现多路传输。（　　）

2．网关实际上就是一种模块，其工作的好坏决定了不同的数据总线、模块和网络相互间通信质量的好坏。（　　）

3．比特率是每秒传输的二进制的位数，其单位是位每秒（bit/s）。（　　）

4. 网络是为了实现信息共享而把多条数据总线连在一起，或者把数据总线和模块作为一个系统。（ ）

5. MOST 总线系统的数据传输速率最大可达 21.2 Mb/s，可满足音频信号和视频信号的数据传输要求。（ ）

四、简答题

1. 简述 CAN 总线系统的组成。

2. 简述 CAN 总线系统的数据传输过程。